J. C. Lavater's Sittenbüchlein für das Gesinde

AF529994

Johann Caspar Lavater

Alpha Editions

This edition published in 2022

ISBN : 9789356708952

Design and Setting By
Alpha Editions
www.alphaedis.com
Email - info@alphaedis.com

As per information held with us this book is in Public Domain.
This book is a reproduction of an important historical work. Alpha Editions uses the best technology to reproduce historical work in the same manner it was first published to preserve its original nature. Any marks or number seen are left intentionally to preserve its true form.

Contents

An die Herrschaften.

Ich hoffe, christliche Herrschaften, daß ihr für dieses Büchlein Gott, dem Urheber alles Guten, von Herzen danken, und viel Nutzen und Segen daher für eure Dienstboten und für euch erfahren werdet. Ich bitte euch also, machet ihnen ein Geschenk damit; aber, wenn ihr es ihnen übergebet, so thut es mit christlicher Sanftmuth und Freundlichkeit, ohne kränkende Vorwürfe, wenn ihr sie etwa noch nicht so findet, wie dieß Büchelchen sie haben will. Damit würdet ihr nur machen, daß sie es überall nicht, oder nicht mit Nutzen und Erbauung lesen. —

Aber, noch angelegentlicher, dringender und herzlicher bitt ich euch, um eurer selbst, eurer Gewissensruhe, und um eurer himmlischen Seeligkeit willen: **Seyd auch ihr nicht ungerecht und unbrüderlich gegen eure Dienstboten! Unterlasset das Dräuen, und vergesset es nicht, daß auch ihr einen Herrn im Himmel habt, vor dem kein Ansehen der Person gilt, und der jeglichem nach seinem Thun vergelten wird.**

Seyd freundlich, sanft und treu gegen sie! Verachtet sie nicht, damit der Herr des Himmels und der Erde euch auch nicht verachte! Seyd billig gegen sie! Ladet ihnen nicht zuviel auf! Habet Geduld mit ihren Schwachheiten, und beweiset Langmuth mit ihren Fehlern, damit Gott sich auch gegen euch langmüthig beweise. Verläumdet sie nicht; klaget nicht bey fremden über sie. Rücket ihnen alte Fehler nicht vor. — Seyd auch zufrieden mit ihnen, wenn sie ihre Sache recht machen. — Seyd ihnen ein Beyspiel des Glaubens, der Liebe, der Geduld, der Gottseeligkeit — und beweiset ihnen in gesunden und kranken Tagen, daß Christi Geist und Sinn in euren Herzen wohnet, und daß ihr euch über sie als Miterben der Herrlichkeit Christi freuet.

Zürich, den 17 Nov.

1772.

J. C. Lavater.

Mein lieber Dienstbote, Hausknecht oder Hausmagd,

laß dir von einem christlichen Bruder ein Wort der Ermahnung und des Raths in die Hände geben; ein Wort, das der Geist der Wahrheit und der Liebe an dir, und durch dich vielleicht auch andern segnen wird.

Wenn du weise bist, so wirst du auch ein Verlangen haben, dem zu gefallen, der dich erschaffen hat, und der ein Herr ist des Himmels und der Erde.

Du wirst mit Freude und Dank daran gedenken, daß du so gut, als alle Herren und Frauen, als alle Könige und Königinnen zu Gottes Haushaltung und zu den Geschwistern Jesu Christi gehörest, und durch Jesum Christum zur ewigen Freyheit, Miterbschaft seines himmlischen Reiches, und zur Herrschaft über Alles berufen bist.

Du wirst also gern deine wenige Lebenstage auf Erden so zubringen wollen, daß du der großen Herrlichkeit sicher und gewiß seyn könnest, welche Gott allen seinen Kindern, sie mögen hienieden Knechte oder Herren heissen, durch Jesum Christum bereitet hat, und schenken will.

Hierzu möchte ich dir, mein bekannter und unbekannter Bruder, oder meine Schwester, nach dem Maaße der Gabe und Liebe, die Gott durch Jesum mir mitgetheilet hat, einigermaßen durch diese kleine Schrift behülflich seyn.

Ich kan mir vorstellen, daß du nicht viele Zeit habest zu lesen, und dennoch gern auch einen besondern Unterricht hättest; — Hier giebt dir Gottes Fürsehung, die auf dich eben sowol, als auf die Fürsten und Könige der Erde, ihr väterliches Augenmerk richtet, einen kurzen, einfältigen Unterricht in die Hand.

So viel Zeit wird dir wol übrig bleiben, dieß kleine Büchelchen alle Monate wenigstens Einmal durchzulesen, und dein Herz, deine Gesinnung und deine Aufführung darnach zu prüfen, das ist, dich vor Gott und deinem Gewissen zu fragen, ob du dich so betragest, so gesinnet seyst, wie dein guter und weiser

Herr im Himmel aus den besten Absichten verlangt, daß du gesinnet seyn und dich betragen sollest. —

Vor allen Dingen, mein lieber Dienstbote, freue dich, daß du ein Geschöpf der unsichtbaren alles belebenden ewigen Liebe bist! Daß du zur Offenbarung der herrlichen Vollkommenheiten Gottes erschaffen bist; bestimmt bist, Gottes unerschöpfliche Güte immer mit mehr Freyheit und Freude zu genießen, deinem Schöpfer, und seinem sichtbaren und herrlichen Sohn und Ebenbilde Jesu Christo ähnlich zu werden. Gottes Weisheit soll deinen Verstand erleuchten; Gottes Güte dein Herz erwärmen, und zu allem Guten antreiben; Gottes Kraft deinen Körper und deine Glieder zum Dienste deiner Seele beleben.

Freuen sollst du dich, und frohlocken in deinem Geiste, daß du durch Jesum Christum zur Aehnlichkeit und ewigen Gemeinschaft mit Gott berufen bist! Dich freuen und frohlocken, daß Gott durch Jesum Christum dich von jedem Uebel, von allen Hindernissen deiner Freyheit und Seeligkeit erlösen, durch ihn zu einem guten, unsterblichen, unaufhörlich seeligen Menschen machen will — das sollte dir recht wichtig seyn; das dich mehr freuen, als jede Freude, jedes vergängliche Glück dieser Welt, das dir jeden Augenblick entrissen werden kan, und nach wenigen, wenigen Jahren gewiß entrissen werden wird. —

Freue dich der Güte und Macht, die dich bis auf diese Stunde ernährt, erhalten, behütet, und auf mancherley Weise gesegnet hat! —

Solltest du es für ein geringes achten, daß du in der Christenheit geboren und zur Erkenntniß des allerbesten Gottes und Vaters Jesu Christi erzogen worden bist? daß du ein Christ bist, und einer christlichen Herrschaft dienen kannst?

Gottes Alles leitende Fürsehung, das ist, Gott selbst, der weiseste und gütigste Vater wollte, daß du ein Dienstbote seyst, und deine Kräfte zum Dienst und zur Hülfe anderer Menschen anwendest. Freue dich auch dieser Leitung, und dieses Willens Gottes. Alles, was Gott will, ist gut. Er will nicht nur das Gute, sondern das Beste. Es ist besser, daß du Knecht oder Magd, oder Kinderwärterin, oder sonst eine Art Dienstbote seyst, als etwas anders. Traue es der guten Fürsehung Gottes einfältig zu; der Fürsehung, ohne deren Willen nicht einmal ein Sperling auf die Erde fallen kan; — Gottes Wille ist es, daß du andern, die nach ihren äusserlichen Umständen höher sind, als du, dienest — **Wie Gott nun einen jeden berufen hat, also wandle er** — Auf äusserliche Umstände und Vorzüge kommt es gar nicht an — **Nur auf die Erfüllung der Gebote Gottes; in welchem Beruf ein jeder berufen worden, in demselben bleibe er. — Bist du ein Knecht zu seyn berufen, so laß dir das keine Sorge machen — denn, wer ein Knecht zu seyn berufen ist, in dem Herrn**, das ist, im Glauben an des Herrn Weisheit und allwaltende Güte, **der ist ein Gefreyter des Herrn. — Ihr Brüder und Schwestern, jeglicher verbleibe vor Gott in dem, wozu er berufen ist.** 1. Cor. VII.

Denke nicht, daß du in diesem Stande nicht fromm seyn, bey dieser Lebensart Gott nicht dienen, und seinen Willen nicht vollbringen könnest. Nein! Man kan in jedem Stande, bey jeder Lebensart demjenigen dienen, und dessen Absichten befördern und erfüllen, der uns in diesen Stand gesetzt, und uns in diese Lebensart hineingeführt hat. Seiner Herrschaft treu dienen, heißt Gottes weiser und guter Fürsehung, heißt Gott selber dienen und folgen. Nicht allein Beten ist Gottesdienst; sich nach dem Willen der Fürsehung, sich nach denen Umständen richten, in welche uns diese Fürsehung gesetzet hat, auch das ist Gottesdienst. Nicht diese oder jene besondre Uebung der Andacht, des Lesens, des Nachdenkens, nicht das Kirchengehn und Abendmahl halten, machen das Wesen der Religion aus; sondern das ist ein vernünftiger, ein weiser, Gott angenehmer Gottesdienst, wenn man seinen Leib, alle seine Glieder, alle Kräfte seines Geistes und Körpers Gott und seiner Fürsehung zum Opfer bringt, und so gebraucht, wie Gottes Wort, unser Gewissen und die Umstände, in denen wir uns befinden, es erheischen; — seinem eignen Willen, seinem Vortheil, seiner Ehre entsagen, um dem bessern Willen Gottes zu folgen, der uns immer zu einem größern Glücke führt, als dasjenige ist, welches wir mit unserm eignen Willen suchen.

Diene also deinem Gott! Lebe zur Ehre deines Herrn, und sey eine Zierde der Religion dadurch, daß du in deinem Berufe treu, gehorsam, willig, freudig, und gewissenhaft seyst. Ja, du mein Bruder, meine Schwester, die mit mir in Einem Dienste stehen, in dem Dienst unsers Herrn Jesu Christi, ich bitte dich, erzeige dich in allen Dingen ohne einige Ausnahme treu, redlich und gewissenhaft. — Handle in aller Einfalt immer so, wie du es mit aller Billigkeit von einem Dienstboten verlangen könntest, wenn du die Herrschaft wärest! Was du in diesem Fall an einem Dienstboten ungern hättest, das sollst du niemal gegen deine Herrschaft thun.

Hättest du es gern, wenn du Herr oder Frau wärest, wenn ein Dienstbote dich bestehlen, betrügen, verläumden, dir widersprechen, widerstreben, und irgend etwas zu leid thun würde? — Hättest du es billiger Weise nicht gern, wenn dir dein Dienstbote Achtung und Ehrerbietung bezeigen, deinen Nutzen und Vortheil auf jede redliche Weise bestmöglichst suchen und befördern würde? wenn er sich deinen Nutzen und deine Ehre mehr, als seine eigene angelegen seyn lassen würde?

So sollst du derohalben gegen deine Herrschaft gesinnet seyn!

Uebe dich täglich in dieser Gesinnung; gewöhne dich, dich oft an ihre Stelle zu setzen, um zu merken und zu empfinden, wie es ihnen vorkommen, wie ihnen zu Muth seyn müsse, wenn du ihnen gehorchest, oder nicht gehorchest; dieß und jenes thust, oder unterlässest.

Je mehr du dieser einfältigen Regel folgest, desto ruhiger, gesegneter, beliebter, glücklicher wirst du seyn; desto freyer und lieber an Gott denken; desto kindlicher und zuversichtlicher zu ihm beten dürfen; desto augenscheinlicher, gnädiger, und erfreulicher wird er dich erhören.

Sey auf den ersten Wink gehorsam! Laß dir nichts zweymal sagen, dir nicht zweymal rufen. Brich, brich deinen Eigensinn!

Der Herr des Himmels that nicht seinen Willen, hatte keinen Eigensinn, da er auf Erden herum gieng; er machte sich zum

Knecht aller Knechte! Urtheile nun, was dir gebühre! Willst du mehr seyn, als Er? Soll dein Wille mehr gelten, als der seinige? Willst du weniger gehorchen, als er gehorchte? — Die Stimme deiner Herrschaft, wenn sie dich nichts böses heißt, soll dir seyn, wie die Stimme Gottes; ihr nicht gehorchen, soll dir nach und nach eben so unmöglich werden, als Gott nicht zu gehorchen.

Nichts soll dich von dem schnellen, willigen, genauen Gehorsam gegen deine Herrschaft abhalten. Nichts dir die Bereitwilligkeit, ihr aufs allerbeste zu dienen, rauben können.

Sey redlich und treu gegen deine Herrschaft! Nichts soll dich verführen, etwas großes oder kleines zu entwenden, zu veruntreuen, zu verstecken, oder von dem Ihrigen zu verkaufen, zu versetzen, oder zu verschenken; keine Speise, nichts Uebergebliebenes; nichts, keinen Bissen Brod, kein Becken mit Zugemüß, keinen Faden! Verrechne auch keinen Heller mehr als du ausgegeben hast; — das würde dir über kurz oder lang unfehlbar vor Gott und Menschen schädlich und schändlich seyn. **Wer im Kleinen untreu ist, der ist es auch im Großen.**

Aber treu und redlich gegen seine Herrschaft seyn, heißt noch vielmehr, als blos: Ihnen nichts entwenden oder veruntreuen.

Es heißt vornehmlich an dem Wohl- und Uebelstand der Herrschaften herzlichen Antheil nehmen; sich ihre Wohlfahrt, Ehre, Ruhe, Sicherheit, Gesundheit mehr als alles andere angelegen seyn lassen; ihnen in allen Umständen, nach bestem Vermögen, mit gutem willigen Herzen Hülfe leisten; ihnen auch in kranken Tagen mit williger Geduld abwarten; und in allen rechten Sachen ihnen auf Wink und Augen sehen.

Zur Treue gehört auch, daß du zu allem, was ihnen gehört, gute Sorge tragest, nichts aus Unmuth, oder Unvorsichtigkeit verderbest, herumwerfest, verstossest, oder vernachläßigest; du must für das Ihre mehr Sorge tragen, als für das, was dein eigen ist.

Auch das, was aus Unvorsichtigkeit verdorben wird, ist einem Diebstahl ähnlich. — Gegen den geringsten Schaden, den du deiner Herrschaft zufügest, must du nicht gleichgültig seyn, und denselben allemal auf die bestmöglichste Weise wieder zu erstatten und zu vergüten suchen.

Sey mäßig im Essen und Trinken; heimlich bereite dir keine Speise; am allergewissenhaftesten hüte dich, daß du nicht zu viel trinkest, und dich dadurch zum Dienste deiner Herrschaft untüchtig, und in den Augen deines himmlischen Herrn verwerflich machest.

Sey zufrieden mit Speise und Trank und Nachtlager. Du wirst es bereuen, wenn du dich an niedliche heimlich zubereitete Speisen gewöhnest.

Sey zufrieden mit allen Geschäften, die an dich kommen; sie seyen leicht oder schwer, angenehm oder widrig. Wenn auch etwa ungewöhnliche Geschäfte vorfallen, so laß dich dadurch nicht zur Ungeduld reitzen. Siehe auf Gott, die Ruhe deines Gewissens, und die himmlische Belohnung.

Arbeite fleißig in dem Dienst und nach dem Willen deiner Herrschaft.

Laß dich keinen Augenblick müßig finden.

Verschwätze deine Zeit, und deines Herrn und deiner Frau Zeit nicht.

Must du ausgehen, so säume dich ohne dringende Noth nicht auf dem Wege! Fange nicht an mit diesem oder jenem zu schwätzen, und darüber die Angelegenheit deiner Herrschaft zu versäumen, oder sie mit Ungeduld auf dich warten zu lassen.

Es ist Untreu, Ungehorsam, Beleidigung deiner Herrschaft, wenn du die Zeit, die du ihr schuldig bist, zu deinem Vergnügen, deiner Bequemlichkeit und nicht zum Vortheil und nach dem Willen deiner Herrschaft anwendest.

Laß dich von keinem geschwätzigen Menschen auf der Straße aufhalten. — Behalte deine Pflicht und den dir gegebenen Auftrag genau vor dem Auge. — Der Befehl, der Nutzen und das Vergnügen deiner Herrschaft soll dir keine Nebensache seyn. Du sollst ihren Nutzen und ihr Vergnügen so sehr befördern, als wenn du Christo selber zu dienen hättest, als wenn er dein Hauspatron und dein Herr wäre. — Er ists! Ihm dienest du! Vor seinen Augen stehest du!

Thue, was du thust, in seinem Namen! als sein Jünger und Stellvertreter! So wie er es thun würde, wenn er sich in deinen Umständen befinden — wie, wenn er sichtbar vor dir stehen würde.

Was du so thust, das ist Tugend, und wenn die Sache an sich selbst auch noch so gering und verächtlich wäre; — Was in der Liebe geschiehet, geschiehet im Geist Christi, und nichts ist so gering, das nicht in der Liebe geschehen kan. Nichts, das nicht durch Glauben und Liebe geheiliget werden könne.

Was kan geringer seyn, als eine Speise kochen, ein Zimmer rein halten, eine Nadel aufheben, eine Thür sanft auf- und zuschließen? Und dennoch, so gering diese Sachen an sich selber scheinen mögen, wenn sie in Liebe geschehen; vor dem Angesichte Christi und zur Offenbarung seiner sich auf alle Dinge erstreckenden Güte geschehen — so sind sie Früchte seines Geistes, sind Tugenden, sind Thaten oder Unterlassungen, die vor Gott Ehre bringen und deine Seeligkeit in der zukünftigen Welt größer machen werden; wenn du auch in diesen Dingen Christo dienest, so wirst du Gott wohlgefällig, und den Menschen bewährt seyn.

Thue nichts, nimm nichts vor, rede nichts, das du in der Gegenwart deiner Herrschaft und vor Gott nicht thun oder reden dürftest.

Hüte dich vor allem heimtückischen, heuchlerischen, verschlagenen Wesen. Sey aufrichtig und hasse die Verstellung. Du stehest immer vor dem Angesichte des Herrn, der in dein Innerstes siehet — und der wird einst wider jeden zeugen, der unredlich und arglistig war!

Siehe! die Augen des Herrn sehen rings umher auf alle Länder, und wer aufrichtig ist, der ist ihm angenehm!

Schmeichle deiner Herrschaft nicht! Suche nicht vor ihren Augen besser und fleißiger zu scheinen, als du bist! Sey gut und fleißig vor ihren Augen; und nicht minder gut und fleißig, wenn sie dich nicht sehen. Redlichkeit ist sich allenthalben und zu allen Zeiten gleich. Sie weiß, daß der so im Himmel wohnet, sie immer kennt, und Jesus Christus ihr beständiger Zeuge ist. Sie darf nie erschrecken, die Aufrichtigkeit, wenn sie immer, auch von unsichtbaren Zeugen würde gesehen werden; nie sich schämen, wenn sie etwa, von wem es seyn mögte, überfallen würde.

Nur dann recht thun, nur dann fleißig seyn, wenn die Herrschaft um die Wege ist, oder dir zusieht; und nachlässig und träg, wenn sie dir den Rücken kehrt, heißt **Augendienst**, und ist Heucheley.

Der Geist Gottes ruft den Dienstboten durch den Mund des Apostels zu: **Seyd in allen Dingen euren leiblichen Herren gehorsam, nicht mit Augendienst, als die ihr den Menschen gefallen wollt, sondern als Knechte Christi mit Einfalt des Herzens, als die ihr Gott vor Augen habt;** Col. III, 22. **Daß ihr den Willen Gottes von Herzen thut, und mit Gutwilligkeit dem Herrn dienet, und nicht den Menschen; dieweil ihr wisset, daß ein jeder, was er Gutes thun wird, die Belohnung dafür von dem Herrn empfangen wird; er sey ein Knecht oder ein Freyer.** Eph. VI, 5–8.

Aufrichtigkeit, Einfalt des Herzens, Uebereinstimmung unserer Gesinnungen mit unserm äusserlichen Betragen — ist aller Menschen wahre Zierde — insonderheit der Dienstboten. Viele Fehler werden ihnen verziehen, und weniger geachtet, wenn man diese Tugend, die gleichsam die Seele aller Tugenden ist, an ihnen wahrnimmt.

Hüte dich also vor Falschheit und Lügen; hast du etwa gefehlt, oder etwas verbrochen, oder unrecht ausgerichtet, so suche nicht dir mit einer Lüge aus der Sache zu helfen, sondern gestehe und bekenne deine Fehler, und bitte aufrichtig um Vergebung, und laß es dir für ein andermal zur Warnung dienen.

Ueble Laune, mürrisches, störrisches Wesen, Schalkhaftigkeit, sind an einem Dienstboten unerträglich. Glaube an Gottes Fürsehung, ohne dessen Wille kein Haar vom Haupte fällt, und denke an das Gute, das du genießest, mehr als an das Uebel, das du leidest, so wird es dir leichter werden, zufrieden, ruhig, heiter zu seyn, und dich von aller Schalkheit zu entfernen.

Hüte dich vor Geschwätzigkeit und noch mehr vor Verläumdung. Sey nicht vorwitzig, die Geheimnisse des Hauses, wo du dienest, auszuforschen und auszuplaudern. Mache die etwaige Fehler deiner Herrschaft niemanden bekannt; suche sie, so viel möglich, zu verdecken und geheim zu halten.

Auch die Geheimnisse, die dir von deiner Herrschaft anvertrauet werden, die sollst du gewissenhaft bey dir behalten, und nicht verschwätzen, und wenn man dich auch darüber fragen würde.

Stehe vor keine Thür zu horchen, was über dich oder andere, oder von häuslichen Angelegenheiten geredet wird.

Oeffne keinen Brief, kein Zettelchen, schiele in kein Buch; blicke durch keinen Spalt und keine Oeffenung, etwas zu erforschen, oder mitanzusehen, was dich nichts angehet, oder wovon du auch nur vermuthen kannst, daß es deiner Herrschaft unangenehm seyn würde, wenn sie dich sähe, oder es wüste.

Laß dir auch von andern Dienstboten nichts aus ihren Häusern erzählen und vorschwätzen, was im mindesten zum Nachtheil ihrer Herrschaft gereichen könnte.

Hast du eine billige, gute und fromme Herrschaft, so danke Gott; denn dieß ist ein großer Segen, den er dir gönnt. Mißbrauche ihre Güte nicht; und wisse, daß du schwere Rechenschaft zu geben haben wirst, wenn du dir diesen Segen, wenn du das Beyspiel und die Lehren und Ermahnungen, die sie dir geben, dir nicht zu Nutze machst.

Must du aber einer schlimmen, strengen und bösartigen Herrschaft dienen, so erkenne und verehre den Willen der alles leitenden göttlichen Fürsehung in diesem deinem Schicksal.

Murre nicht, weder wider Gott, noch wider deine Herrschaft.

Rede nicht immer von den Pflichten, die die **Herrschaft** zu erfüllen hätte; sondern denke vielmehr an die, die **du** zu erfüllen hast, und unterwirf dich ihrem Willen und ihrer Strenge — um Gottes willen!

Uebe dich im Dulden und Schweigen! Hüte dich vor jeder Veranlassung zum Zorn, und befleiße dich um so vielmehr, ihnen niemals keine gerechte Ursache zum Zorne zu geben. Sinne darauf, wie du jeder Gelegenheit zum Unwillen, doch ohne Verletzung deines Gewissens, vorkommen könnest. Bitte Gott deswegen ausdrücklich um Weisheit; um die erfindsame Klugheit der rechten brüderlichen und schwesterlichen Liebe! Wenn du aber bey allem dem ihre Liebe und ihre Zufriedenheit dir nicht erwerben kannst; wenn sie immerfort gegen dich mürrisch und mit allem deinem Thun und Lassen unzufrieden sind; wenn du es deiner Herrschaft durchaus nie recht machen kannst, so denke: daß du es doch deinem Herrn im Himmel recht machest, wenn du mit aller möglichen Treu und Gewissenhaftigkeit, auch mit Hintansetzung deines eigenen Vortheils und deiner Ruhe, deinem Dienst abwartest. Denke, daß Gott dich berufen, mit Christo Unrecht zu dulden, und unter dem Unrecht auszuharren, und ein Beyspiel der Liebe, des Glaubens, der Geduld, des Festhaltens an Gott, und der Hoffnung eines bessern Lebens zu seyn.

Seufze nie wider deine strenge und ungerechte Herrschaft! Bitte für sie! Je mehr du für sie bittest, desto mehr wirst du von ihr ertragen mögen! Desto weniger wirst du sie ausmachen und verklagen; desto gelaßner seyn bey ihren ungerechten Bescheltungen, bey ihrem Toben und Schäumen. — Halte dich übrigens immer auf ihre dich anfahrende Strenge im Glauben an die Allwissenheit und Allgegenwart Gottes gefaßt: damit du dich nie zu unbescheidnem, reizendem Widersprechen hinreissen lassest.

Unverschämte Antworten, trotziges Betragen, freche Mienen, zornige mürrische Blicke, die rühren nicht vom Geiste Christi her, die sind an einem Jünger Jesu schlechterdings unerträglich, und wenn die Herrschaft auch noch so ungerecht wäre — (Wie viel unverantwortlicher werden sie erst gegen Herrschaften seyn, die nichts fordern, als was billig, nichts tadeln, als was tadelswürdig ist.)

Sey auch mit einem billigen Lohne zufrieden; und nicht neidisch und scheel! Gott ist dein Lohn — und der Himmel deine Hoffnung, wenn du hienieden dich in guten Werken und in der Geduld übest, und **Gottes** Wohlgefallen, **Gottes** Reich, Ehre und Seeligkeit suchest.

Was du ohne deine Schuld zu leiden hast, das leide du vor Gott als ein Jünger Christi! Freue dich, wenn du seiner Leiden theilhaftig wirst, damit du dich auch in der Offenbarung seiner Herrlichkeit freuen und frolocken mögest.

Jedes Leiden dieser Art wird dir noch in der Ewigkeit Nutzen und Freude bringen — jedes zurückgehaltene Wort des Unwillens, jede unterdrückte Entschuldigung deiner selbst, wodurch deine Herrschaft nur noch zu mehrerm Eifer gereitzt worden wäre; jedes edelmüthige Stillschweigen, oder ehrerbietige Gelassenheit bey ungerechten Vorwürfen; jedes Bestreben, Verdruß und Zank abzuwenden, und demselben zuvor zu kommen; jede Thräne des Mitleids mit dem unglücklichen Gemüthszustand deiner Herrschaft; jeder liebreiche stille Seufzer, den du mit redlichem Herzen für sie zu Gott schicktest; nichts von dem allen wird von Gott vergessen werden, wird unbelohnt bleiben; das alles wird für deine Seele von den besten und gesegnesten Folgen seyn; dafür werden dir einst Freuden ohne Zahl und ohne Maaß zu Theil werden.

Es ist edel und schön, um anderer Willen zu leiden; schön und edel und Gott wohlgefällig, die zu lieben, die uns hassen; die zu segnen, die uns fluchen; denen Gutes zu thun, die uns beleidigen, für die zu bitten, die uns mit Zorn und Unwillen verfolgen; denen mit aller Treue zu dienen, die alle unsere Treue verachten; mit denen immer zufrieden zu seyn, die niemals mit uns zufrieden sind. Das heißt: In Jesu Christi Fußtapfen treten, und der himmlischen Güte ähnlich werden, die auch Undankbare und Boshafte trägt; das heißt: Jesum Christum ehren, und seine Langmuth, Geduld und Güte andern Menschen gleichsam darstellen, offenbaren und sichtbar machen. — **Ihr Dienstboten!** dieß ist Gottes Meynung hierüber — **Seyd eurer Herrschaft mit aller Furcht und Ehrerbietung unterthan, nicht allein den**

guten und bescheidenen, sondern auch den ungeschlachten, den bösen und wilden; **denn das ist eine Gnade, so jemand um des guten Gewissens willen vor Gott Traurigkeiten erträgt, und Unrecht leidet. Denn was wäre das für ein Lob, wenn ihr um Missethat willen mit Fäusten geschlagen werdet, und das erduldet? wenn ihr aber um Wohlthaten willen leidet, und es dann erduldet, das ist eine Gnade bey Gott; denn darzu seyd ihr auch berufen, weil auch Christus für uns gelitten, und uns ein Vorbild gelassen hat, daß ihr seinen Fußtapfen nachfolgen sollt, welcher keine Sünde gethan hat, in dessen Mund kein Betrug erfunden ist, welcher, als er gescholten ward, nicht wiederschalt; als er litte, drohete er nicht, sondern überließ es dem, der da recht richtet.** 1. Petr. II, 18–23.

Sey auch mit deinem Lohne zufrieden, besonders, wenn er dir nach Abrede, und zu rechter Zeit gegeben wird. Ueberhaupt lerne zufrieden zu seyn mit allem, so wird alles dir zum augenscheinlichen Segen werden.

Und nun will ich noch zwey Worte beyfügen, und alles übrige deiner eignen Einsicht, und deinem Gewissen überlassen. —

Wenn du etwa Kindern abwarten must, so thu es doch mit aller Treu und Sorgfalt, als wenn sie deine eigne Kinder wären. Sey vorsichtig, wo du mit ihnen hingehst, wenn du sie niedersetzest, stellst, führst oder trägst. Spring nicht mit ihnen muthwillig hin und her! Verlasse sie nie, wenn du bey ihnen seyn sollst. Lehre sie nichts Böses, sondern Gutes. Erzähle ihnen keine Mährlein! Nichts von Gespenstern und bösen Männern; nichts vom Satan und Hexen; nichts von einem erzörnten Gotte, wenn es donnert; nichts von dergleichen Dingen, die entweder ganz keinen Grund haben, oder wovon du nichts verstehest, und das Kind nichts verstehen soll. Am allerwenigsten gewöhne sie zum Ungehorsam gegen ihre Eltern; sondern suche ihnen Achtung und Liebe gegen sie ins Herz zu pflanzen. Dein schneller Gehorsam müsse ihnen zeigen, wie sehr ihre Eltern des Gehorsams würdig sind. — Wenn du aber auch den Kindern eben nicht selbst abwarten must; so sey sonst liebreich und gefällig gegen sie. Erzeige ihnen nach ihrem Betragen und ihrem Alter Achtung und Liebe.

In Ansehung deiner Nebendienstboten, wenn du solche hast, bezeige dich freundlich und friedlich! Weiche Zank und Streit aus! Hilf ihnen, und mach ihren Dienst nicht schwerer, sondern leichter! Sey ihnen ein gutes Exempel der Treu und des Gehorsams. Tritt nie mit ihnen wider deine Herrschaft zusammen! Verläumde und verschwätze sie nie mit ihnen. Ermuntre sie zur Geduld und zur Treue. Sind sie frömmer als du, so verlache sie nicht, und mach ihnen ihre Frömmigkeit nicht schwer! Sind sie nicht so fromm, wie du meynest zu seyn, so verachte sie nicht, verdamme sie nicht! Suche sie durch stille Tugend, unsträfliche Treu und sanfte Güte zu gewinnen — denn, wenn du dieß thust, so kannst du dich und andere seelig machen.

Hast du etwa übrige Zeit, so nutze sie zum Guten; zur Vermehrung deiner christlichen Erkenntniß und Tugend. Lies, lerne, oder schaffe etwas nützliches. — Das übrige, was ich dir etwa sonst noch zu sagen hätte, sey deiner eigenen Einsicht und deinem Gewissen überlassen. Bitte Gott um Weisheit, insonderheit bey der Wahl und etwaigen Abänderung deines Dienstes; und wenn du etwa in andere bedenkliche Gewissensfälle kommst; und gieb acht, daß du dir weder durch unchristliche Leute, noch durch unedle, unordentliche Leidenschaften deines Herzens rathen lassest.

Die Summe als dessen, was ich dir hier sage, ist diese: Habe Gott vor Augen, und halte seine Gebote; denn das ist die Hauptangelegenheit aller Menschen; denn Gott wird alle Werke vor Gericht bringen; auch alle Heimlichkeiten, sie seyen gut oder bös.

Der Herr hat zum Gerichte

Sich seinen Thron erhöht.

Vor seinem Angesichte

Bleibt nicht, wer widersteht.

Ihr kühnen Sünder zittert;

Bereut noch euren Spott.
Sein Thron wird nie erschüttert;
Der Herr bleibt ewig Gott!

Gebetlied eines Dienstboten.

Du aller Wesen Herr und Meister,
Des Leibes Schöpfer, Geist der Geister,
   Mein Schöpfer, Vater, ich bin dein!
Du hießest mich, o Allmacht, werden;
Du setztest mich, dein Kind, auf Erden,
   Und deiner soll mein Herz sich freun.

Du heissest mich den Menschen dienen,
Ja dir nur folg ich, folg ich ihnen,
   Dir, unser aller Herr und Gott.
Drum hilf mir, meiner Herrschaft Willen
Gewissenhaft und froh erfüllen,
   Als deinen Willen, dein Gebot.

Bewahre mich vor bittern Klagen,
Lehr mich mein Joch gelassen tragen;
   Und stets auf dich, auf dich nur sehn.
Herr, lehr mich reden, lehr mich schweigen,
Mich unbeweglich treu erzeigen,
   Und nur gerade Wege gehn.

Der Herrschaft Glück soll mich erfreuen,
Laß jeden Fehler mich bereuen,
   Und frömmer werde stets mein Herz.
Bewahre mich vor Stolz und Neide,
Vor Ungeduld, Herr, wenn ich leide,

Sey du mein Trost in jedem Schmerz!

O gieb mir Weisheit mich zu schmiegen,
Gehorsam, Herr, sey mein Vergnügen,
Und Freude sey mir jede Pflicht.
Mein Sitzen, Liegen oder Stehen,
Mein Reden, Schweigen, Thun und Gehen
Gescheh vor deinem Angesicht.

Du bist der Treue, der Gerechte,
Der Herr der Herren und der Knechte,
Der Armen wie der Reichen Heil.
Der Allerniedrigste auf Erden
Kann groß in deinem Reiche werden,
Hat Fürsten gleich, Gott, an dir Theil!

Ja, du wirst ewig mich belohnen,
In deinem Himmel werd ich wohnen,
Dort König mit dir König seyn.
Ach! Herr, mögt ich dieß stets ermessen,
Nicht dein und deines Reichs vergessen,
Wie würd ich ewig seelig seyn!

9 789356 708952

Printed at Repro India Ltd.